Solo 1

Elvis Dino Esquivel

Solo lloré en otoño

SOLAR EMPIRE
PUBLISHING

Cuarta edición de Solar Empire Publishing: Octubre 2016

Diseño de portada por Midnight Electric Media

ISBN-13: 978-0615594385
ISBN-10: 0615594387

Para:

> *Mi madre, Ofelia Escutia, la persona que más quiero en la vida y que en su faz veo el rostro femenino de Dios; mis hermanos Alí, Iván y Luis.*

> *Elvis Ambrosio, Ángelo Bello y Amir Salami.*

> *C. Beltrán, J. David, S. Dodd, M. Santiago y R. Serrano; por todas las batallas que libramos juntos y que, en la guerra de la vida, luchamos con dignidad por ser felices.*

«Pues habían vivido juntos lo bastante para darse cuenta de que el amor era el amor en cualquier tiempo y en cualquier parte, pero tanto más denso cuanto más cerca de la muerte.»

El amor en los tiempos del cólera
Gabriel García Márquez

Prólogo

¡Qué robusto es el mar, qué radiante es el cielo
en el cual se alberga el vespertino fulgor!
En mi escritura eres la perfecta modelo
que me inspira a plasmar júbilo o algún dolor.

Quisiera residir entre el dócil encanto
de tu demente delirio que me seduce
y estar tan juntos los dos, súper juntos, tanto
que ni el vigoroso viento entre los dos cruce.

¡Pero qué fastuosa es tu infinita alegría,
que contagia mis más sigilosas sonrisas!
En mis somnolencias eres una utopía
donde mi apagada y sombría ánima irisas.

Quisiera desaparecer hoy tan de prisa
de un cariñoso infarto de amor en exceso
y ver cómo te entrego con una sonrisa
todo mi ser rendido con tan solo un beso.

Amor altivo

Eres altiva y yo soy de tus eternos presos,
de esos que desdeñas y haces sentir inferior;
enfatizas esa banal belleza exterior,
pero no eres más que una envoltura de huesos.

Me amaste ayer, hoy solamente soy tu olvido. Ésos
que buscan inútilmente ser mis sucesores,
tratarán de recrear mi amor con sus amores
porque te besarán sobre mis antiguos besos.

Eres demasiado altiva y en tu ego te consumes;
preciosa pero con corazón tórrido y tierno,
¡tan tórrido como el miserable sol de invierno
y tan altiva que hasta tu excremento presumes!

Bórrame de lo más profundo de tu memoria
mientras te desecho a ti, mujer altiva e impura.
Ingiere el veneno de tu efímera hermosura
mientras borro mi nombre de tu trivial historia.

Amor callado

El amor hasta al más valiente y parlador enmudece,
muchos conflictos internos se crean para evitar
confesar un sentimiento que desespera y enloquece;
amar en silencio es de valientes: como el militar
que sobrevivió batallas y se rindió ante una dama:
¡no tienes idea de cómo se hunde en un gran abismo
aquel que callando ama y jamás su vasto amor proclama!
Del militar, la guerra no fue su mayor heroísmo:
fue amar a su musa a distancia sin confesar que la ama,
callar y disimular su amor, derrotarse a sí mismo.

Te amo en silencio, desmiento mi querer y me hundo
en la sigila interna que me mantiene siempre preso.
Encadenado, combato delirando por el mundo;
mi amor no confieso, pero con la mirada te beso.
No te inquietes que con mi admiración serás bien amada:
la boca callará el amor, pero jamás la mirada.
Si mis ojos te incomodan, con tu mirada de fuego
deberías cegarlos; sería misericordioso
que este mudo amor también fuera plácidamente ciego:
el silencio es tortura, el ocaso sería glorioso.

Buscando el amor

A Patty G. Baughman

I

Las corrientes marinas con voz armoniosa
se estremecen a impulso de la brisa fugaz;
la luminosa luna tranquila y hermosa
con hoguera dudosa
refleja en las ondas su descolorida faz.

La amante olvidada,
a la playa llegó desolada
buscando a su amor:
¡la brisa que ayer disfrutaba,
ahora a su cuerpo sopla el dolor!

Ayer alegre, brillante veía
dorado horizonte y dicha sin fin...
ahora melancolía;
¡en noches de tormentas y cruel agonía
en noches de neblinas, habrá de morir!

Sutil, sublime, tras nítido velo,
figura de duelo,

la pobre mujer su pie deslizó:
con voz de mensajera del cielo
en sueño inspirado de amor susurró:

«¡No tardes! La noche es muy hermosa,
la luna te ofrece su tierno resplandor
y tienen los mares su voz melodiosa,
y tiene mi corazón tesoros de amor.

«Te espera la noche estrellada,
te esperan las ondas llenas de gratitud;
ven que te llama suplicante tu amada,
a mi alma regrésale la anhelada salud.

«¡Pregunto a la brisa, pregunto a las estrellas,
mientras busco en las sombras tu imagen fugaz;
pregunto a las olas... pero ninguna de ellas
me responden... jamás encontraré la paz!»

II

Si el viento piadoso llevarte pudiera
la queja final del alma que vive en tu amor;
si en esas suplicas de amor recibieras,
mis tristes suspiros y mi último adiós.

Rodeada de flores se mira una losa,
las ondas marinas la cobijan en paz:
bajo ella la doliente mujer reposa,
con ella la muerte cubrió su faz.

Su nombre repite la voz del poeta;
cantares le entona de cariñoso dolor,
y en torno a su tumba atravesándola inquieta
la corriente susurra: «aquí yace el amor.»

En todos los ciclos te encuentro
y en todos los ojos tristes te miro;
sé que existes en todas las vidas
porque siempre renaces conmigo.

Dios enamorado

Un elogio a la mujer

En tu cabeza se aprecia una aureola
de brillante luz. A tu cuerpo se suma,
una colosal esencia que perfuma
aquella luna que se pasea sola.

Impregnado en tu corazón de oro,
tienes en tu noble alma un tesoro
que solo un venturoso hallaría.
Solo en mi imaginación inquieta
puedo, como tímido poeta,
describirte en una poesía.

Si en esta solitaria noche estrellada,
quisiera Dios, con todos sus sublimes dones,
mostrar su infinita grandeza incomparada,
te mostraría a ti, base de inspiraciones.

Sin duda, Dios te creó a su altura.
No solo tu perfecta hermosura
pero tu gran forma de ser demuestra
¡qué del Creador fuiste obra maestra!

Dios estaba enamorado al crearte,
de evidencia solo basta mirarte,
porque como tú no hay ni habrá ninguna,
¡todo lo que Dios vio, de tu figura,
a un lado se apartó de tu escultura,
para apreciarte como a la luna!

En su mente, tu grandeza ha dejado
una creación llena de emociones,
ya que en ti siempre quedará grabado
el producto de sus ilusiones.

El adiós

"After she left, Ray let himself go."
Ray in Reverse - Daniel Wallace

¡Hasta nunca! De tu perímetro peligroso
me alejo lentamente para jamás volver;
cuando me estremezca aquel desierto belicoso
con tu recuerdo hallaré algún tipo de placer.

Lejos del bélico puerto, tu opaca memoria
obsesa naufragará al recuerdo de los dos;
lacerante ilusión de alegría transitoria,
ahora tengo que decirte un último adiós.

Del insípido sol los centelleantes reflejos
remotos los he de ver mientras puedan brillar
y cuando agónico por ti llore, estando lejos,
mis cansados ojos tornarán a tu lugar.

En el desierto infinito, tu oasis risueño
vislumbraré cuando una bala apague mi voz;
inmaculada deidad de mi insensato sueño,
por eso me despido con un último adiós.

¿Qué callará tu mirada inocente
que con filosa espada defiendes?
En tus ojos mil antorchas enciendes
pero solo una vela en tu frente.

El nuevo ángel

A Martín Zepeda C. y
Michael A. Tirado, USMC

En un fugaz instante la vida se pasa:
aquel día cuando iba con destino a casa,
perdí el rumbo y sin querer me desvié,
con esto el camino al cielo encontré.

Los ángeles me recibieron y me dejaron entrar.
Ya no había frío ni mucho menos dolor;
se sintió como un nuevo despertar,
como el sueño de un hogar
que durará para siempre.

Desperté convertido en un nuevo ángel,
tal como se convertirá todo el mundo,
porque todo el mundo vivirá de nuevo.
Con mi nueva piel sonrío por saber
que un día nos volveremos a ver.

Estoy protegido aquí en mis alas
y jamás me olvidaré que lo fuiste todo,
en tu corazón es donde yo siempre he vivido
y todo estará bien, ya que sigues viviendo.

Solo prométeme que estarás bien,
y que nunca perderás la fe.
Recuerda que desde aquí arriba
¡siempre con amor te cuidaré
y de ti jamás me olvidaré!

No me recuerdes llorando
porque yo te esperaré sonriendo.
No llores porque pronto me fui,
¡sonríe sabiendo que un día
nos volveremos a ver!

El veterano

A Michael Santiago, USN

Deja al veterano que ría y brame,
y golpear paredes cual insano;
duerme tarde y despierta muy temprano,
su noche es larga, su dolor infame.

No juzgues: deja que su ira se inflame
y las heridas adornen su mano,
mas no le temas, no es ningún villano,
deja que su dolor interno exclame.

Llora cuando su amor propio claudica,
su mente es un mar en perpetuas llamas:
su cuerpo arde, su llanto purifica...

Los psicólogos su dolor entienden,
solo con terapias y melodramas,
los recuerdos podridos se desprenden.

Sigo prisionero,
mi mente sigue en estado de alerta.
Me ha elegido la misteriosa puerta
y ahora busco tu abrigo;
muero, siempre muero,
pero soñando contigo.

El yihadista

Sombra aterradora que nos acosa;
nombre que de gran pánico nos llena;
creyente de otro dios que nos condena;
combatiente de cara misteriosa.

Rival que su propio cuerpo destroza
y cuya devoción ciega envenena;
sádico que a sus propios encadena
con su fanática fe tempestuosa.

A los infieles los quiere en su averno
y decapitación es la sentencia;
su propio dios ve su vacío interno:

Falsa es la fe que incita la violencia,
¡cobarde aquel que en el mundo moderno
asesina sin piedad por creencia!

La enfermera deliró que dulcemente
la sombra del marinero se acercaba,
y en los sutiles jazmines de la frente,
con su boca de olvidado la besaba.

En versos te fuiste

«¿Comprendes ya que un poema
cabe en un verso?»
Rima XXIX - Gustavo Adolfo Bécquer

Fuiste mi musa. Pero, ¿en qué lindo verso
podré describir tus facciones de diosa?
Si en estas líneas te doy mi universo,
¿qué más podré escribirte, musa grandiosa?

Si la poesía se atreviera un día,
sobre este papel que guarda tu hermosura,
describir de alguna diosa su figura
¡con describir tu apariencia bastaría!

Fuiste mi musa. Pero, sin alegría, sin gloria,
sin aspiraciones, sin identidad verdadera,
sin porvenir claro, sin fe y sin esperanza entera:
¡dará igual que seas pasado o que seas memoria!

Si no existiera el cielo o el infierno, ¿qué poderío
tuviera mi fe sobre tus sentimientos humanos?
Y si no existieran ni los lagos ni los océanos,
¿dónde desembocaría este caudaloso río?

No sé, pero pobre de ti que en versos te fuiste,
en versos viviste y en versos tristes te perdiste.
Toda inspiración del poeta proviene de su alma,
mas tu robaste la mía y lo tomé con gran calma
porque muy bien sé que el verdadero amor no existe...

Con mis versos te fuiste, con pena y gloria,
mas tu evidente huella en mi escritura aún me hiere
y me has tatuado un recuerdo en la memoria:
como una flor que se marchita y se consume
prisionera en un florero, cuando marchita muere
deja el florero oliendo a todo su perfume.

En un puerto árabe

A todos los compañeros con los que combatí
en el Medio Oriente durante las operaciones
Libertad Iraquí y Libertad Duradera (Afganistán)

En mi copa, un colega me sirve el mejor vino
de opacos tonos y de glamurosos cristales,
el que refleja todos los besos estampados
y las miradas de mis más arcaicos quereres.

Arrojo a la arena con el desprecio mío
ese maldito vino de dulce sabor.
¡Solo quiero tequila! ¡Las piñas de agave
desde tiempos coloniales saben mejor!

¡Denme pinche tequila! Que a través del vaso
pequeño, universos enteros se ven;
y como el tequila, claros son los ojos
de las amargas aguas del golfo de Adén.

Fumo. Los sabores del tabaco árabe
hacen que la *shisha* calle mi dolor.
Bebo y suspiro; nostálgico y triste
contemplo la arena sin odio ni amor...

Hace mucho calor, es verano. El rifle duerme
sin munición y en un rincón olvidado está.
Brindemos: el rico *shot* de tequila a las venas
y la flamante sangre más valor nos dará.

Fuck! Bastantes pechos brillantes hay en este disque bar,
cargando victoriosas medallas de falso esplendor.
¡Qué vacíos y tristes se ven los rifles sin cartuchos,
la *shisha* sin su tabaco y las copas sin alcohol!

Golfo Pérsico

A Christian M. Beltrán, USN

¿Aún sientes en la profundidad de tu alma
ese absurdo ardor patriótico del cielo
que te incomoda dormir y soñar en calma?

Duerme marino que la muerte es vida:
deja que tu orgullo continúe en duelo
y desea, con tu dogma dormida,
volver a pisar ese rígido suelo.

Puto golfo que convierte en negras arenas
al inmenso mar. ¡Esta guerra importa poco!
¿Acaso habrá mayor tempestad que tus penas?

Mantén la frente en alto. Deja mientras tanto
los cobardes yihadistas te llamen loco,
y muéstrales tus armas en vez de tu llanto.

Tranquilo, que al fin la desolación humana
te devolverá esa ansia de sobrevivir:
¡marino, tu realidad vendrá mañana
pero antes tendrás que combatir y sufrir!

Golfo de gobiernos idiotas.
Golfo del combatiente oculto.
Golfo de las guerras remotas.
Deja de arder: ¡tu fuego inculto
no se extinguirá con sus gotas!

Jamás te escondas de ese golfo idiota,
ignora sus absurdas guerras y su clima,
¡porque a tu cuerpo ni a tu alma derrota!
Aunque tenga aires históricos de grandeza,
recuérdale que tu libertad se aproxima
y que te marcharás con ilustre firmeza
de sus negras aguas de ávida amargura.

Al evacuar ese golfo cruel, sonríele:
la sonrisa de la libertad perdura;
recuérdale al golfo que lo daña todo,
que ya no habrá algún marinero que vele.

La guerra en la vida es solamente un periodo:
todas las batallas que desatas a diario
son un doloroso espejismo solamente,
que te tornan en el guerrero legionario
que combate para no perderse en su mente.

Heroísmo

A Elías Villela, USN

Combatiste por el libre derecho
con tan solo levantar esa mano,
como extraordinario americano,
cargas alguna medalla en tu pecho.

Regresas con el corazón deshecho
mas no le temes a ningún tirano;
solo por las noches lloras, insano,
tu deber patrio sigue insatisfecho.

Se olvida a los que al enemigo matan
pero no a los que su vida arrebatan:
si la guerra es justa, morir glorifica.

Veterano, quítate esa aureola;
no es héroe aquel quien vidas inmola,
si no aquel que su vida sacrifica.

Hormuz

A Jared David, USN

Valiente eres tú: combates sin pena,
duermes tranquilo entre asesinos ruidos,
callas tu llanto, escondes tus latidos,
en árida patria, distante y ajena.

Ignoras aquel que ciego te ordena
y, al ver tus anhelos desvanecidos,
combates hasta ver todos vencidos
a los que emergen de la añeja arena.

Valiente matas y muerto caminas:
tus muertos irán donde tu honor vaya,
legando dolor y una mente en ruinas.

¡Ya que puedes hacer! Eres la ofrenda
bélica en esa foránea playa.
¡Muere y se héroe! ¡Mata y se leyenda!

Inspiración absurda

Escribir sobre ti en este papel
una extraña fría sensación deja,
al escribir, mi escritura refleja
los instantes que me erizan la piel.

Te escribo con sentimiento blando,
con tanta inspiración dominando
en la testa... las ideas yacen
y luego en escritura renacen.

Eres la bella musa que me inspira
a escribir versos. Eres la leona
reina de mi jungla y, con tu corona,
potestad impones al que te mira.

Eres regenta absoluta en mi palacio,
que pese a sus ruinas, en dominio rondas.
No te preocupes, yo te doy tu espacio
para que un rato de mi mente te escondas.

No olvido que las rosas más finas
son también de las más problemáticas,
ya que a parte de ser aromáticas,
¡también cargan filosas espinas!

Eres una planta tan misteriosa,
a pesar de tu ríspida textura,
tienes un sensible botón de rosa
que refugia tu energía más pura.

No por ser tan atractiva tengo que escribir
acerca de tu *looks*; tengo que describir
tu carácter que fluye de lo más natural,
ya que me encanta la musa que es original.

Soy solo un mediocre poeta
de poemas estructurados,
y con su célebre etiqueta
libera sus traumas guardados.

Mi averiada mente mansa va
naufragando en mares de dolor;
no me perderé porque mi amor
propio siempre sabe dónde está.

Y no te extrañes si yo al fin
no caigo rendido a tus brazos,
quizás solo eres un jardín
donde florecen los rechazos.

Ya de depresión no me enfermo
ni a mi robusto cuerpo engaño:
¡ya en aguas benditas me baño
y en colchones cómodos duermo!

Ya no me importa que el alma mía
se sature de ilusión completa,
ya que la inspiración del poeta
es lo que engendra la poesía.

Creí que inspiraba tu aroma,
ya de nada sirve tu esencia,
si lo que más regala influencia
¡es lo que siempre se desploma!

Entiendo al fin que el corazón en ruina
es donde el sentimiento triste se hace,
¡y es por eso que la bella flor nace
con una filosa escondida espina!

Entiende que hoy solo me inspiré en ti,
olvídate ya de todo espejismo:
¡no valgo por lo que hay afuera de mí
sino por lo que hay dentro de mí mismo!

No te prometo ninguna estrella,
ya que cada vez que te bese
en tus labios dejaré mi huella.

Iraq

Iraq es una amplia histórica hoguera,
los sádicos inviernos son muy fríos,
las batallas se dan en los estíos
mas se muere mejor en primavera.

Es cuna de la cultura primera,
Ur y Uruk yacen en restos sombríos
y perdidos sus dos famosos ríos
en la guerra de índole petrolera.

Todo ha sido derribado en su suelo,
sus invasores han traído flama
y tras siglos sigue ardiendo su cielo.

Su vigor a la foránea llama
es de su pueblo el único consuelo
de toda la sangre que aún derrama.

La culpable

Finalmente completaste un capítulo en mi historia.
Ahora, que estos versos santifiquen tu memoria;
en el amor, nunca va a ser el llanto algo cobarde,
mi corazón es de lava y, cuando sangra, ¡todo arde!

Cuando algún ingenuo me hable de amores,
hablaré de engaños y menosprecios,
pero callaré todos mis dolores:
es mejor no discutir con los necios.

Con maléfica sonrisa pondré mis labios
en las botellas de los viciosos placeres,
me convertiré en el tahúr de los más sabios
que saben cómo burlarse de las mujeres.

Serás tú única responsable si algún día
disparo una bala a una mujer en el pecho;
porque tú has despedazado la mente mía,
¡con sangre, otras saldarán el daño que has hecho!

El orgullo me reclama cualquier venganza;
en mi mente tu malévolo perfil copio,
creo, al observarte, que pesa en la balanza
más el odio por ti que todo el amor propio.

Con apatía y rencor, pero siempre con calma,
ya concluido este capítulo de amor fugaz,
me retiro susurrando, al observar de tu alma
la infinita nebulosidad: ¡descansa en paz!

Fuiste un instante, infinita y ansiosa
por amor hacia mí descendiste;
¡Eres mitad sueño y mitad diosa!
Te amé todo el tiempo que exististe.

La despedida

A Charles O. Sare, USN

Te despiden del puerto tus amores,
lloran como si estuvieran de luto;
tu último regalo pueden ser flores,
en Iraq la vida dura un minuto.

De pie, una lúgubre lágrima brota
y honor cubre tu patriótica frente,
sabes que en bélica tierra remota,
plácida se puede perder la mente.

La anónima bala que aún no hiere,
te espera y en todo tu cuerpo palpita,
el vivo nunca vuelve y aquel que muere
con una vil medalla resucita.

Vive y vagará tu mente en los lares
donde arde perenne la arena y cielo;
muere y justificarás los pesares
de los que te ven con un pie en el suelo.

La selva de la confusión

I

Como la fragancia de la flor que atrae insectos,
la corteza de mi cuerpo huele a su perfume,
puedo reconocer cuales fueron mis defectos
ahora que el desconsuelo ya no me consume.

Solamente en otoño solo he llorado,
el verano dejó de ser la tragedia,
la primavera ya es cosa del pasado
y el enigmático invierno es mi comedia.

¡Amar es sufrir! El amor se ha encendido
en sufrimiento. Cuando al fin se consuma,
mi corazón ya no continuará herido,
¡el presente lo extinguirá con su espuma!

Con la experiencia de un belicoso veterano,
mis sentimientos tienen noveles accesos,
hay corazones que cruzan el hondo pantano
y se hunden... ¡mi corazón ya dejó de ser de esos!

¡Mi corazón perdura con su fuerza! La palma
en cualquier ribera sobrevive sin su fruta.

Abandonado, se desvincula más de mi alma,
¡vivo sufre pero solo sufriendo disfruta!

En mis poemas invoco al pasado mil veces,
nunca mi ego deja de invocar ridiculeces,
¡ya que ni mil lágrimas, mil palabras, mil versos,
borrarán mi dolor de todos los universos!

Mi calvario fue la sacra cruz de mi grandeza,
¡hirió mi cuerpo y solo así alumbró mi cabeza!
Fue el explosivo patriótico que asesinó
a esa sin nombre ni rostro que me laceró.

II

¿Quieres sanarte por completo? Resígnate y llora,
mas llora en la soledad de la noche. El sufrimiento
es un invisible demonio que el humano adora.

Recuerda tu dolor cuando busques inspiración,
¡las lágrimas son los gritos confundidos del alma
que siempre brotan en esta selva de confusión!

Amaré el dolor porque el dolor perturba la paz:
tras perder a su amada, Popoca* sacrificó
su vida, tornándose en volcán con nívea faz.

III

Sin dolor, la dicha en esta vida no vale nada,
cuando sufro de dolor a veces la gloria invoco,
Leifr Eriksson fue un gran loco y descubrió un nuevo mundo:
entonces, sufriré y me convertiré en un gran loco.

En ocasiones mantengo cerrada la boca:
es mejor ser prudente y cauto de pensamiento,
taciturno e inmóvil como una sencilla roca,
¡qué charlatán, sutil y voluble como el viento!

¡Maldita selva confusa! Déjame tranquilo, en calma
vivir, sufrir y soñar con el pensamiento vacío;
del mundo serán las palabras que florecen de mi alma,
pero, ¡el oxígeno que entra a mis entrañas es muy mío!

Discúlpame fiel inspiración por haberme perdido
en esta selva de confusión. Vencido, resignado,
sollozaré riendo cada momento de haber vivido,
¡solo tú consuelas a este pobre poeta olvidado!

* En la mitología mexica, Popoca o Popocatépetl fue un valiente guerrero quién
amaba a la doncella Iztaccihuatl.

La tregua

A Chadwick T. Kenyon, USN

¡Alto al fuego! La belicosa jornada
regala al fin un minuto al desconsuelo,
negro humo sigue emanando, y la mirada
clama paz pero sigue ávida de duelo.

¡La tregua es fatídica! Pueblos en ruinas
desean tu partida o enterrarte en hoyos:
quieres correr, pero está lleno de minas;
mueres de sed, pero no hay lagos ni arroyos.

¡La guerra es paradoja! Hay alegría y llanto,
el tiempo es vertiginoso y a la vez lento;
seguir vivo es bendición y desencanto;
dormir es meditación y sufrimiento.

Sigamos la batalla demoledora
o iniciemos la cobarde retirada;
que esta guerra injusta y colonizadora
será olvidada en la historia de la nada.

Lejanía

A Diana I. Briano

I

Hoy con cariño te invoco y es porque quiero
que sepas que siempre fuiste mi tesoro.
¡Navegué mares y como marinero
te avisté como un islote de puro oro!

Tú sabes, como yo sé, que los defensores
de la amada patria consideran ultraje
pensar que el marinero cambia sus amores
tal como los ángeles cambian de plumaje.

¡Nadie, nadie podrá oponerse a mis anhelos
ni nadie podrá detener mis caminares!
Cuando navegue hacia ti, crecerán los cielos
y se acortarán las praderas y los mares.

Mi bohemio amor es de etéreo fuego
que arde y cruza a través de toda distancia;
se guía sin verte, porque que es muy ciego,
y navega a ti aspirando tu fragancia.

II

Tu fragancia hace delirar. En mi frente
recibo un beso perfumado que retoma,
de las brisas del belicoso Medio Oriente,
tu inconfundible dulce y cálido aroma.

Esa efusiva fragancia me destierra
y me vuelve a mi mustia realidad:
solo soy un marinero que en plena guerra
añora huir de su eterna soledad.

Los corazones que son expertos
cobran con el dolor nuevos amores,
¡la materia podrida de los muertos
hace también retoñar las flores!

Aunque por las penas sea acosada,
el alma nunca debe crecer perdida;
¡porque la misma sangre coagulada
puede cerrar cualquier mortal herida!

Los estándares

¿Por qué lloras si es lindo cuando miras
la selva, el desierto, el planeta entero?
¿Por qué te emblandeces si eres de acero?
¿Por qué te asfixias sola cuando respiras?

Dime, ¿por qué en medio de las amargas nubes giras
si detrás de cada negra nube brilla un lucero?
Porque únicamente tu sufrimiento es verdadero
y los estándares de belleza son vil mentiras.

Cuando se juzga solo con la mirada
observamos el exterior solamente,
y así transformamos superficial e inútilmente
una risueña mujer en... ¡una desdichada!

Cuando el complejo sin querer sale,
en la misma belleza el dolor cabe:
¡cuánta angustiada mujer no sabe
que solo lo de adentro es lo que vale!

Mi vida es como otra noche por ser oscura,
pero te pertenece siendo así;
vale más que mi vida toda tu ternura,
ya que entera tú me la diste a mí.

Lost Cause

¡Ya quiero combatir! Desesperado
lo grito aunque combatiendo muriera,
mi rancio destino con su huella austera
el amor de la patria me ha cegado.

A morir lejos estoy condenado,
dimito de la vida placentera;
huyo de la sociedad carroñera
que un abismal vacío en mí ha dejado.

Conocer quiero a la temida muerte,
atravesar sus puertas eternales
donde no gobierna la brutal suerte.

Muerte, llévame a tus negros umbrales
y deja atrás mi torpe cuerpo inerte,
quiero descansar con los inmortales.

Mi pecho es un extenso cementerio
y mi corazón su único ataúd;
cuando lentamente mueras en mí,
ya sabes cuál será tu ínfimo sitio.

Mar nocturno

A Claudia Painter

¡Cuántas noches voy a recordar
el triste adiós de la ribera,
donde algún recuerdo me espera
desde que salí al vasto mar!

Me encanta el infinito oleaje
que nunca cesa de desplazarse;
entre el afable espumoso encaje,
espero mi mente se disperse.

Me encanta el astro encendido
del elegante manto de la noche,
el que abre el oscuro broche
de la callada boca del olvido.

Cada radiante astro es un recuerdo
que el alma a la noche envía:
por eso es que en la sombría
constelación del pesar me pierdo.

En esta triste noche sin calma
busco mi propia infinita huella,
¡si una memoria es cada estrella,
entonces una galaxia es mi alma!

Al perder de mi vida su gloria,
mi espíritu volteó al ayer,
donde soñó con aprender
a vivir de pura memoria.

En la vigilia, el pensamiento
más precioso y etéreo es,
ese que ocurre cada vez
que mi alma vive el momento.

Es el vasto mar que me inspiró
a escribir versos de desamor:
fue mi copa, yo fui su licor,
¡y ya todo el licor se agotó!

En sus aguas me sentí protegido
porque su esencia estaba con la mía:
esta contienda era la harmonía
que mantenía a mi ser unido.

Una noche, a mi mente vi huir
hacia un recuerdo muy lejano,
entonces, entre yo y el océano,
¿quién no debería de existir?

¡Maldita noche de espanto!
El mar sufre de lo mismo,
su dolor cae en mi abismo
con la gota de mi llanto.

Llegando a la enemiga playa,
la noche me ofrece su cruz,
avisto a lo lejos una luz
que suplica por una batalla.

Es la imaginación traidora
y quiere verme en el fondo del mar,
mi cuerpo comienza a escuchar
mas me detiene la naciente aurora.

Y aunque yo quisiera ahogar
todo lo que dolor me estimula,
las saladas gotas del mar,
son solo lágrimas que acumula.

El individuo que siempre vacila,
corrompe el amor. Aquel que ama en vano
jamás su conciencia estará tranquila:
¡el amor no es un lago, es un océano!

Marino raso

A Steven Dodd, USN

Marino raso, hijo fiel de vecino,
que el falaz llamado patrio te trajo
a un mar y a un vil desierto del carajo
entrenado en potencial asesino.

¡Qué baladí es tu fúnebre destino!
¡Qué ínfimo es tu fatídico trabajo!
Solo luchas para acabar abajo
y limpiar sucia sangre del camino.

Ignoran las condiciones que habitas,
una zanja o una tienda en la maleza;
y el sufrimiento que callado gritas.

Sin embargo, alzas la valiente frente,
aunque morir pase por tu cabeza,
con osadía luchas por tu gente.

Hoy me has dañado, me has matado en vida,
arrastra mi cadáver en la vil memoria tuya
y entierra a tu muerto cuando el sol huya:
¡la noche perdona... pero la conciencia no olvida!

Militar

Tus ojos tornan a pasados días,
militar que subsiste de memoria,
a traumas de heroicas alegorías
escritas en los libros de la historia.

No te disculpes: tu mente deforme
abandonó al de tu ya añeja infancia,
¿quién se atreve vestir un uniforme
y luchar por «libertad» a distancia?

Ni la política capitalista
intoxicó tu patriótico orgullo;
para que en libertad la patria exista
los osados sacrifican lo suyo.

Combates y tus fieles ideales
en abstractos minerales se venden;
sangran agonizantes tus cristales
pero solo Marte y tú entienden.

Tú luchas, tú inspiras: inocente
das al rico para su propaganda,
no objetas por no ser imprudente,
lo que tu cegado pueblo demanda.

A la guerra en una nación distante,
tu legado patrio valor te inspira,
y cuando ves injusticias delante
descubres de la misión su mentira.

Tú, con doliente mirada que aterra,
traumado buscas ya cualquier consuelo:
¡no moriste olvidado en esa tierra
pero tu vida ahora es un desvelo!

Roto el cerebro, el espíritu roto,
vagas en la apática sociedad
que decide por ti con su vil voto
sin entender tu interna tempestad.

Tan solo quieres paz, ¡vaya ironía!
Tu cuerpo y tu alma tienen cicatrices;
escuchas los horrores todavía
de aquellos invadidos infelices.

Ninguna medalla en tu dócil pecho
sepultará lo que viste en batalla.
El olvido solo ofrece su techo
al que su calvario en secreto calla.

Mujer aburrida

Eres aburrida. En tu faz no brota
ni la risa, ni pesar, ni la vida:
no sabía que eras tan aburrida,
contigo caí por caliente e idiota.

Tal como robot tullido, se aprecia
un *gestillo* en el arco de tu ceja,
en tu inerte pupila se refleja
la tenue mirada que menosprecia.

Mi intelecto engañaste aquellos días,
pensado que poco alcoholizado
y cachondo, ya no me aburrirías.

El premio de tu destino aburrido,
como insípida eres, te ha regalado
nada porque nada te has merecido.

Ella, la que a mi corazón había maltratado,
ya se había coronado sobre mis emociones.
Si su arma poderosa fueron sus potentes dones,
¡más honorable que derrotar, es ser derrotado!

Olvidar dura una eternidad

En este solitario mar navegaste un día,
en mi solitario corazón tu amor pusiste
y solitario aún te recuerdo todavía.
¡Me acompaña tu recuerdo en mi barco temido,
y en la solitaria guerra, que combato triste,
en aquel infinito desierto del olvido!

¿Ya me olvidaste? ¿Ya me has dejado de amar?
Por supuesto que no: ¡el marino que navega
nunca puede olvidarse de su amado mar
ni mucho menos de su adorado navío,
la playa no se olvida de la ola que llega
ni el mar de la montaña mientras fluya un río!

No puedo olvidarte: en la guerra me pierdo,
mas perdiéndome solitario en ella consigo
entender el secreto de tu recuerdo.
¡Tú eres para mí lo que el marinero es al mar,
lo que la muerte es a la sangre del enemigo,
lo que la guerra es a la gloria del militar!

No sé cómo sobrevivo aquí tan lejos,
sin verte, sin acariciarte, sin escucharte.
Sigues presente en todos los áridos espejos,
porque tú, cuando se encuentra mi alma trágica
en las profundidades del desierto, ¡eres mi arte,
mi guía, mi *zahir*, mi vida y mi escritura mágica!

No importa si lejos estoy, ¡aún puedo mirarte!
Ya que la ingenua memoria, en sus insensateces,
te tiene viva y presente aunque estés tan aparte;
y delirando así, aún en la beligerancia,
te siento cerca, muy cerca... ¡porque sueño a veces
que no existe eso que llamamos tiempo y distancia!

Pecadora

Pecadora, cuando lo enamores,
¡sedúcelo y miéntele de frente!
Aunque le causes muchos dolores,
¡fóllatelo y rómpele la mente!

Cuando su frágil cerebro reventaste,
perdiste tu sacralidad con dolor:
¿dónde está de tu historia el genuino amor
del audaz sujeto que un día tú amaste?

Rompes la débil rama que se ha secado
de aquel amor que ya se había acabado;
ahora lloras por el hombre que se ha ido,
pero la *puta* interna aún no ha salido.

Lloras, y en mi imaginación
me pregunto con cinismo,
si llora tu misticismo
o si lloras por perdición.

Ante el amor, ignorada,
te estás gangrenando ahora,
mas no te quiero endiosada,
¡te prefiero pecadora!

Pecadora de traidor gruño:
como santa nadie te ha visto,
¡cauteloso, hasta el Anticristo
te desafía con su puño!

Quítate el vestido denso
que asfixia todo tu cuerpo;
busca el dolor en el menso
mas que el amor en el terco.

Eres ser sacrosanto
porque todo el dolor
que sufres del amor,
lo glorifica el llanto.

Sacarte llantos será tu infierno
cuando mi incitante nombre implores;
pecadora, ¡no importa que llores
si siempre llora todo lo eterno!

Pecadora, es tiempo de confesarte
porque eres tan dura como una roca,
aunque clemencia suplique tu boca,
creo que ni Dios puede perdonarte.

Te doy por muerta cuando aún no has nacido,
te juzgo por el daño que aún no me has hecho:
fantasía mía, eres solo un falso latido
que engaña al cadáver dormido
que cargo en el pecho.

Pupitre

A Elvis Ambrosio

Voy a sentarme como si no te viera,
que palpite en mi soneto tu asiento,
construido con callado sentimiento,
¡triste pupitre de opaca madera!

Sé que no recordarás ni siquiera
mis enormes momentos de tormento
en los cuales, sentado y sin aliento,
estudiaba como si no aprendiera.

En tu mesita lo olvidaré todo:
panteón del aprendizaje muerto;
llévame a ese futuro de lo incierto.

Al último y misterioso periodo
histórico y su grueso libro abierto
que me espera como lluvia el desierto.

La musa lo amó con la eternidad de una hora,
lo conoció alegre, valiente y caballero;
y por orgullo femenil, traidora,
con un «te estimo» respondió a un «te quiero».

Revolución

Para Tomás Hamlet Escutia
al amor de su vida

I

Ha llegado mi última hora. ¿Cuánto tiempo toma
solo para decirte adiós? Hay tantas maneras
para concluir la noche, pero el tiempo se desploma;
Y al final mis últimas frases no serán enteras:
un adiós con un último beso no me atrevo,
sabiendo bien que no te sentiré de nuevo.

¿Cuánto tiempo más debo esperar
solo para decirte adiós? Te tengo a mi lado
y ya te comienzo a extrañar,
y eso que mi travesía aún no ha comenzado.

El grosero tiempo indica que el plazo ha llegado,
nostálgica notas que ya es mi hora de partir.
Te miro a los ojos y me quedo callado,
mi destino ahora es el que tengo que seguir.

II

Dices que deje todos mis arcaicos ideales atrás,
que te mire a los ojos y que tome una decisión final.
Dices que mi absurda revolución es una idea fatal
y que si sigo ese rumbo, ¡mi corazón abandonarás!

Déjame cambiar y darle al mundo nuevas latitudes,
entiende, ¡esta fase de la revolución es crucial
para la victoria! Regresaré, de eso jamás dudes.
Amor, dame tu apoyo moral aunque sea parcial.

Te beso y con un disimulado llanto te digo:
«Yo sé que mi revolución es totalmente absurda
y que no haré ninguna diferencia, de eso no tengo duda.
Solo recuerda que mi cordura se quedará contigo.»

Sueño tonto

A Gabriela Bucio

I

Creo estar enamorado de mi sueño:
No hay duda alguna en el anhelo flotante
de mi inocente amor. Mi sueño es tan tonto
que en su profundidad se imagina tu diseño
de perplejidad misteriosa y fascinante,
sin embargo, el caluroso viento de la realidad afronto
y rompe el sueño, regresándome a la realidad distante.

No soy aquel hombre que se enamora
de la figura perfecta: solo soy un fantasma
que tras otro fantasma va, como la aurora
tras la noche pasajera que huye al beso
deseoso del sol. Este sueño me entusiasma,
con tal de verte un instante, a dormir en exceso.

II

Ya que es tonto mi sueño, en él entrego
todo mi cariño, porque destila
de un torpe corazón que quedó ciego,
la contaminación de su pupila.

Despierto, sufro y gozo: mi padecimiento
es como el de la flor que, al fin cortada,
expulsa sus aromas al voluble viento
y se muere en las caricias de la nada.

No adoro de la mujer solo su anatomía,
porque la apariencia a la mente descontrola:
la materia sin alma está vacía;
y el alma sin materia sobrevive sola.

En mi sueño viajo por el mundo como loco,
buscando a una mujer que nunca encuentro;
siento que el mundo real es poco,
ya que busco lo que añoro aquí adentro.

III

Ya sin odio ni amor, me siento perdido,
la sonrisa borrada y seco el llanto,
una rosa en su recuerdo planto
y prosigo mi sueño ininterrumpido.

¿Para qué despertar? Ya el sueño
se olvidó de toda la realidad;
quien mejor que yo para ser el dueño
de todo lo que me cause felicidad.

Pero cansado ya de este sueño tonto,
donde jamás te llego a ver;
ahora te quiero dejar saber
que espero que nos veamos pronto.

¡Mírame y mírame con tus ojos divinos!
Elimina de mi alma toda su tristeza
para que en tus sutiles ojos cristalinos
pueda ver reflejada mi propia belleza.

Tustin 92780

A C.S.B.

Esa que inspira amor y no ama
porque no quiere mala fama.
Esa que al besar nada siente
y la que sin motivo miente.
La que en no amar tanto se empeña
y a destrozar almas enseña.

¡Tú hazaña pasa a ser mi doliente escritura!
La mujer que a sus amores fácil olvida
y que se preocupa solo en su hermosura,
es una ególatra más... ¡una malparida!

Tus viejos amores siempre se acordarán
de las podridas heridas que les dejaste,
aunque los miserables ya no morirán
siempre sufrirán de como los lastimaste.

Esos pobres diablos, ¿qué hicieron para sufrir?
¡Su dios sabía que sinceramente te amaron!
El grave error que ellos cometieron, fue invertir
más amor en ti, y de su amor propio se olvidaron.

Pernocta y observa tu amoral huella:
confía infinitamente en la falacia
de la vida y aprende mucho de ella,
te crees feliz porque eres bella,
mas tu felicidad... ¡será tu desgracia!

¡Eres todo un fraude! Un día fuiste mi vida
y sin ti aún vivo. Si deseas, despierta;
a mí me da igual que estés difunta o dormida:
¡para Dios, dormida... para mí estarás muerta!

Tu voluptuosa anatomía

No me vayas a querer contagiar con tu torpeza.
Mujer, conozco tu fama de resbalosa y loca,
no tengo idea que tienes dentro de tu cabeza
ya que solo estupideces emergen de tu boca.

Según tu amor es de lo más exclusivo y fino,
y para alcanzarlo tengo que subir al cielo
y que no es nada fácil el bendito camino.
No gracias, ¡mejor me quedo tirado en el suelo!

Tu belleza es como un falso resplandor que engaña
al ojo humano, pues tu alma es de lo más oscura.
Tu personalidad es explosiva, algo extraña
y muy falsa, ya que proviene de un alma impura.

Hasta crees que con un tonto murmullo
con palabras dulces me vas enredar,
no creas que no caigo por el orgullo:
¡en tu corazón no me interesa estar!

¿Qué acaso solo quieres que te coja?
No, gracias... ¡yo no regalo ni besos!
¡Joder! La señorita hasta se enoja
porque yo no soy ningún hombre de esos.

¡Y que me llamen pendejo por no caer en tu gloria!
Me declaro victorioso porque, tranquilo, podría
declarar que de esta vana lucha obtuve la victoria,
ya que pude despreciar tu voluptuosa anatomía.

Un naciente otoño

A Ivette Martínez

I

Eres deidad pagana y elegante
del tiempo en que la naturaleza
desnuda su bosque abundante
y revela su íntima pureza.

Asimismo el carnaval natural
sobre tu sedosa piel de flor,
disgustando ricos frutos de amor,
brota en tu místico madrigal.

La tangibilidad de tu belleza
enamora a los seres espirituales,
que se disfrazan de simples mortales
para acariciar tu naturaleza.

Árboles abundan en tu ribera
y matorrales arropan tus pies:
la superficie que pisas es
una verde alfombra de pradera.

II

Risueña gozas de la radiante fiesta
convertida en hada con alas de loro,
y vuelas ágilmente al ritmo sonoro
de la talentosa ambiental orquesta.

¡Un nuevo otoño ha nacido! En la llanura,
natura entró en su más apasionada etapa,
donde intrépida, lentamente se destapa
y muestra al mundo su desnuda figura.

Tu vasto encanto otoñal arrebata
muchos suspiros de tu sol amante;
con quien fulguras como fino diamante
sobre los caudalosos ríos de plata.

Deja a la naturaleza creadora
acariciar tus tenues tallos de seda.
No olvides que el otoño te adora
porque en tu perpetuo espíritu se queda.

Esta velada no tienes quien te cuide;
has nacido libre. Natura te pide
que no provoques catástrofes furtivas,
ya que eres todo lo que cultivas.

III

Así inicia el baile autumnal: Las hadas
despintan y deshojan con alazos
plantas y árboles, evitando pinchazos
de las punzantes ramas deshojadas.

Mientras tanto la celestial multitud
celebra la periódica destrucción;
ya que entienden con exactitud
que destruir es un tipo de creación.

Y tú vuelas bailando en el centro
rodeada de invitados celestiales,
echas las malas vibras que llevas dentro
y las destruyes cual frágiles mortales.

Y bailas con augusto orgullo
al son de la rítmica nota;
sabiendo que el otoño es tuyo,
tu energía jamás se agota.

El entorno que se está transformando
de tu belleza se va inspirando,
¡observa con detalle la hermosura
física de tu divina figura!

Así continúa la otoñal fiesta,
todos los invitados son importantes:
las mitológicas hadas son danzantes
y los seres terrenales la orquesta.

La celebración no cesa
y, merecedora del ferviente
poema de un otoño naciente,
sonríe una hada traviesa.

El otoño tatúa tu gris memoria:
con sus pigmentos, árboles deshojados
y con sus bellos cielos nublados
suturas tu existencia de euforia.

De nuevo vuelas y llamas la atención,
para mantener al público entretenido,
aclaras que la temporal desolación
es señal divina que el otoño ha venido.

IV

El son natural aún se percibe
y con todo el otoño en tus manos:
les recuerdas a los seres humanos
que el árbol aún deshojado vive.

El triste pasado al árbol hiere,
porque en cada hoja que tiene
un mal recuerdo se mantiene,
por eso cada hoja en otoño muere.

Al resto del hemisferio te has ido
y la gran fiesta por fin ha concluido:
los otros entes en un extenso vuelo
vuelven a su universo paralelo.

Con tus pulcras alas de hada,
emprendes tu largo viaje
y quedas muy enamorada
del pigmentado paisaje.

V

Tras la gran fiesta otoñal de fervores,
ágil vuelas y te pierdes en los prados,
cambias algunas hojas de colores
y algunos árboles dejas deshojados.

Lega el otoño un colorido follaje
y hojas que caen lentas a tus pies,
¡te bendice con su sublime paisaje
para que lo lleves donde estés!

Bastante nostalgia despierta
en este espíritu cuerdo:
¡eres tú un vivo recuerdo
de la naturaleza muerta!

Viajero perdido

I

Sentados en el bosque pasan rápido las horas.
Mientras nos miramos como personas extrañas.
Hay tensión. Tus ojos son atemporales auroras
que brillan en la noche de tus tenues pestañas.

Estando lejos de nuestros cálidos hogares,
comenzamos a discutir con fría rudeza;
luego yo con frases apáticas y vulgares,
comienzo a denigrar del amor su belleza.

Me callas tranquilamente con tus manos suaves
y con taciturna voz curiosa me preguntas:
«¿cuáles han sido todas las misteriosas claves
de todas tus actuales relaciones difuntas?»

II

Nunca has amado, lo juras; dudo pero te creo:
no solo eres mujer, también inmortal diosa eres;
como ya no soy un desconfiado y amargado ateo,
¡le creo cada vez más a todas las mujeres!

Soy tu último amor y buscas nuevas aventuras,
amarnos a la intemperie, dejando siluetas:
quieres entregarte sin basarte en conjeturas
y descubrir del amor propiedades secretas.

Reflexiono. ¡Soy un donjuán arrepentido!
Te revelo todos mis amores difuntos:
siempre fuiste mi destino, pero he tenido
que peregrinar para concluir asuntos.

III

Finalmente nos encontramos... ¡ven a mis brazos!
perdona la demora, fui un perdido viajero.
Mi mente y mi espíritu están hechos pedazos,
¡pero todo mi ser te pertenece entero!

No te preocupes, jamás tornaré la vista
hacia esos amores muertos. Amor, ten calma,
¡ya que altiva marcharás en plan de conquista
sobre las amorosas cenizas de mi alma!

Como zombis resucitarán tras tu paso
y te verán como la diosa de mi universo;
resignadas, con desprecio te dirán acaso:
verus amori nunquam mori en su verso.

IV

Con las manos sostenidas, juntos nos perdemos
en el oscuro bosque. Después atento escucho
tu voz diciéndome: «¡Por favor ámame mucho
para que juntos toda la eternidad duremos!»

«¡El amor me trajo a ti!» respondo al verte.
Vigilando tus bellos ojos te digo
que siempre en los sueños estuve contigo,
¡porque te amé mucho antes de conocerte!

Mi contaminado amor con tu corazón destilaste:
la misteriosa energía que me despidió en el puerto,
provino del mismo sol que me iluminó en el desierto.

No importa si en el ayer de mi loca mente te aislaste,
hoy la travesía por ti con un beso la concluyo:
¡ya que tú siempre serás mía y yo siempre seré tuyo!

Si al despertar mañana a mi lado sigues
te confesaré justo cuando me mires:
¡qué eres diosa creadora de mi mundo;
sin tu gravedad, soy un astral vagabundo!

Epílogo

I

He concluido este poemario. Recita, amada,
los poemas que le he dedicado a tu mirada.
Ven, querida, este libro quiero darte:
lee y notarás que llenos de dulzura,
mis humildes versos quieren probarte
que tu recuerdo en todo mi ser perdura.

Afirmas que soy poeta y que enamoro:
soy poeta porque tú eres viva poesía;
callado escribo mientras tu mundo exploro
y tu naturaleza inspira la mente mía.

Este poemario es callado testigo
del tiempo que mi espíritu en guerra,
combatía así mismo como enemigo
a las memorias que uno se aferra;
olvidando sus alegrías y sus risas
que se perdían calladamente en las brisas.

Recita, querida, estos versos: es cierto
que en ti se inspiró mi alma tranquila,
pues vi reflejada en tu pupila
todo lo que soñé un día en el desierto.

¡Querida, si no pudiera ver en tu cabeza
esa brillante esencia que nace de tu pecho,
escribiría enfocado solo en tu belleza
y reclamaría tu amor como mi derecho!

No, no escribo buscando nuevos amores,
solo deseo cumplir uno de mis placeres:
que mis poemas, como las bellas flores,
gusten y hagan sonreír a las tristes mujeres.

II

Recita mis cursis poemas a esa hora
en que la luz del día se esfuma,
trayendo de tus ojos la espuma
que conciben la luna conquistadora.

Ven, querida, con toda tu noche entera
para que en la oscuridad de tu mente
ilumine con mis versos tu cantera;
deberías, al leerme, quedar convencida
que el poeta no dura eternamente
¡mas sus poemas duran para toda la vida!

Recita, amor, mi pasado fracaso;
sé que tú no me juzgarás, ¿acaso
el astro de mis noches luminosas

es una flor que crece entre mis ruinas?
No importa si crecen hermosas rosas,
¡pues en cada una brotarán espinas!

En mis torpes versos y en mi alma loca,
quiero, al veme cobijado en tus cálidos brazos,
ver pintada una sonrisa en tu boca,
mientras aceptas un corazón hecho pedazos.

Aquí encontrarás escritas cada una
de mis fatuas juveniles pasiones
ocultas en lo oscuro de la luna:
guardó con devoción ese astro añejo
estas muy modestas composiciones,
su cambiante faz fue mi propio espejo.

Para ablandecer el rígido pecho
que soberano del amor se jura,
es necesario escribir con despecho
sobre lo que creemos que perdura.
Para llenar los vacíos hay amores...
¿quién se atreve amar a los escritores?

«Todo fluye, nada permanece.»

- Heráclito

Créditos de las ilustraciones

Índice